AF410895

Le Bonheur du Jour
pour 1920

LE BONHEUR DU JOUR
ou Les Graces à la Mode

texte et dessins
par
George Barbier

chez Meynial 30 boulevard Haussmann
Paris

VOICI un nouvel album consacré aux belles modes et aux mœurs plaisantes. Nous le déposons sur l'autel du bon goût en le dédiant aux amateurs et aux curieux, aux amants du passé, à tous ceux qui recherchent les estampes étincelantes d'or et luisantes de vernis où les costumes rustiques et citadins réjouissent les yeux de leurs vives couleurs.

Puissent-ils feuilleter ces pages sans ennui, ceux qui caressent pieusement les parures fanées, les dentelles jaunies, les rubans sans couleur, savourant le poison mélancolique exhalé de ces voluptueux débris.

Nous voulons exhumer des cartons où ils reposent parmi le camphre et la poussière, le manchon, l'éventail et les gants, tout l'arsenal des beautés défuntes et jouer des airs nouveaux sur un instrument endormi. Nous ambitionnons le suffrage des savants aimables possédés d'un démon fantasque. Jadis grâce au bachelier Zambullo il s'évada de sa prison de cristal, et depuis ce temps, tourmente le cœur des femmes et modèle leur corps suivant les caprices de la mode. Il est l'inventeur des corsets, des fards, des souliers à talons, il enroule autour des belles les pampilles, les grelots et les festons, emblèmes de leur humeur inconstante ; grâce à lui, le vieux fichu défleuri garde la forme d'un sein juvénile, et les cothurnes usés l'empreinte du pied le plus mignon ; c'est un diable artiste et poète.

Parfumés de poivre et de lavande, les fantômes légers surgissent des tiroirs ou se lèvent entre les feuillets des livres de modes, ces précieux gardiens des grâces surannées. Possédez-vous le premier de tous : *Recueil de la diversité des habits qui sont de présent en usage ?* Richard Breton le publia à Paris en 1567. On y admire la

représentés au naturel en des bois rudes et charmants :
grands maîtres daignèrent enseigner l'élégance à leurs
ne sont que festons, ce ne sont qu'astragales », vivent les
enrubannées comme l'arbre de Mai et les parisiennes de
ont un air de délicatesse dédaigneuse, des tailles fines à
fièvre. Elles évoquent sous la caresse des satins où jouent
jets d'eau, des confidences faites à regret, des amours
et Manières : Debucourt, enchanta le dix-huitième
de perkale et de zéphyr, troussant leurs falbalas,
les délices de l'ère nouvelle. Floréal ! Les têtes
volontiers sur des cœurs sensibles ; ces
sur leurs visages la flétrissure délicate du
vident les bonbonnières. Ce ne sont
et anguilles saisies toutes vives.
dans « *Justine* » et la nuit
des couples bocagers.
Vernet, ils nous donnent

femme noble et la marchande, à côté des habitants des îles sauvages
Ce sont les prémices et les rudiments de la coquetterie. Plus tard les plus
contemporains : Saluons en passant Callot, Abraham Bosse et Bonnart, « ce
mouches, les galants, la petite oye. Mais quel abîme entre ces figures rustiques,
Watteau : c'est que l'artiste a insufflé aux poupées un peu de son âme. Elles
se rompre et des visages
chiffonnés dont l'éventail dissimule la
les reflets de la lune malade et l'iris des
perdues. Plus tard l'auteur des *Modes*
siècle agonisant. Ses héroïnes, vêtues
franchirent le fleuve rouge et firent
encore mal affermies, se reposent
beautés naïves et grivoises portent
plaisir ; elles épuisent les carquois et
qu'oiseaux ranimés, roses perdues
Elles ont appris leur leçon
bleuissante dérobe la chute
N'oublions pas Bosio et
dans le « *bon genre* » le

tableau des grâces et des ridicules de leur époque. Ce temps-là ressemblait beaucoup au nôtre, car la crainte aiguise le plaisir. Incroyables et merveilleuses dansaient à *Tivoli*, les alliés se pressaient dans les galeries du Palais-Royal, les portes s'entrebâillaient sur les tripots clandestins ou sur le sérail des complaisantes. On y rencontrait des Russes à taille de guêpe et des écossais empanachés ; les femmes portaient des tuniques arachnéennes et leurs seins découverts reposaient sur un ruban fleuri. Leurs compagnons cousus dans des culottes de peau, étranglés par leurs cravates étalaient leurs formes avec la même impudeur « *renouvelée de l'antique* ».

De nos jours une impatience pareille emplit les *dancing*. Les couples mollement pressés ondulent au rythme fluide des tangos en proie à des plaisirs énervés, scandés de cymbales furieuses. Les belles offrent à la paume des danseurs leurs dos nus ; leurs robes sont couvertes d'or, de broderies sauvages, hérissées de franges ou de plumes et peintes de fleurs gigantesques. Elles coulent des regards limpides sous des paupières peintes, leur teint est couleur d'ocre et leurs cheveux parfois sont bleus comme le plumage du martin-pêcheur. Ainsi les voulut Van Dongen.

L'habit des hommes exagère l'ampleur des hanches, enfle le galbe des seins et le couple hermaphrodite arbore la même coiffure : les cheveux rejetés en arrière dénudant le mystère des visages pareillement altérés et mobiles.

On voudrait dans les pages qui suivent évoquer les fastes de l'an de paix 1920 : les ajustements extravagants, pareils à la robe de Peau d'Ane, les éventails de plumes et les chevelures sacrifiées sur l'autel de quelque Vénus mystérieuse ; tout ce qui chatoie, tout ce qui brûle, tout ce qui irrite et plaît à la fois.

On aimerait représenter ici les intérieurs au goût du jour, les murs enluminés, les miroirs ténébreux, les divans irrésistibles, les lumières voilées des chambres inventées pour la paresse et le plaisir par un tapissier-poète, charmantes et inhabitables.

Vous trouverez ici des meubles de laque, des chiens pékinois, des anneaux de jade et des ruisseaux de perles, rien ne sera négligé pour vous plaire, car nous sollicitons humblement les suffrages des gens frivoles et l'indulgence des personnes sages, soucieux de plaire aux uns et de divertir les autres.

Les alliés à Versailles.

Grand-Mère & Petite-fille.

Les Belles Sauvagesses de 1920

L'Après-Midi d'un Faune

L'Amour est aveugle

L'Arc-en-Ciel.

Minuit !... ou l'appartement à la mode.

Chez la Marchande de Pavots.

Le Goût des Laques.

Mademoiselle Sorel en grand habit.

Mademoiselle Spinelly chez elle.

Le Grand Décolletage.

Visez au cœur, belles dames!
GEORGE BARBIER

au Lido.

Eventails

Au revoir ....

LE BONHEUR DU JOUR
Les Graces ᵒᵘ à la Mode

COUVERTURE – TITRE – TEXTE

TABLE

Chez Meynial, 30 boulevard Haussmann
Paris

www.ingramcontent.com/pod-product-compliance
Lightning Source LLC
LaVergne TN
LVHW011404170726
843501LV00006B/1996